1분에 5문장 영어회화

초판 1쇄 인쇄 2016년 8월 31일
초판 1쇄 발행 2016년 9월 9일
초판 2쇄 발행 2017년 3월 17일

지은이	박지윤
발행인	임충배
디자인	조인배
홍보/마케팅	김요한, 양경자
펴낸곳	도서출판 삼육오 (PUB.365)
제작	(주)피앤엠123

출판신고 2014년 4월 3일
등록번호 제406-2014-000035호

경기도 파주시 산남로 183-25
TEL (031)946-3196 FAX (031)946-3171
홈페이지   www.pub365.co.kr

ISBN 979-11-86533-41-3 12740
© PUB.365 & 박지윤 2016

· 저자와 출판사의 허락 없이 내용 일부를 인용하거나 발췌하는 것을 금합니다.
· 저자와의 협의에 의하여 인지는 붙이지 않습니다.
· 가격은 뒤표지에 있습니다.
· 잘못 만들어진 책은 구입처에서 바꾸어 드립니다.

이 도서의 국립중앙도서관 출판예정도서목록(CIP)은 서지정보유통지원시스템
홈페이지(http://seoji.nl.go.kr)와 국가자료공동목록시스템(http://www.nl.go.kr/kolisnet)에서
이용하실 수 있습니다. (CIP제어번호 : CIP2016015113)

1분에 5문장 영어회화

왕초보 영어 말문트기!

Pub 365

Preface

Allyfunshow

60개의 기초 패턴으로 300개의 문장 말하기!
우리의 목표입니다.
"1분에 5문장"은 일상에서 많이 쓰는
기초적인 영어패턴을 쉽게 익히게 합니다.
여행 갈 때, 영화 볼 때, 외국인과 대화할 때,
가장 많이 쓰는 기초 패턴을 담았습니다.
짧지만 강력한 60개의 영어패턴을 통해
효율적인 영어학습을 경험하세요.
쉽고 유쾌한 패턴영어 1분에 5문장!
이제 영어로 말할 수 있습니다.

How to

대표 패턴 확인하기

○ 영어로 어떻게 말하면 될까요?

난 차라리 버스를 탈게.

- 이번에 만들어볼 영어 문장입니다.
- 대표 패턴을 보고 먼저 생각해 보세요.
  패턴에 대한 친절한 설명을 대표 패턴 밑에 작성해 두었습니다.

핵심어휘 확인하기

본문학습용
book_20.mp3

똑을 생각해 볼까요?

. take a bus 테이 커 버스

타다, 가지다   버스

- 대표 패턴과 연계된 다음 각 단어의 뜻을 확인하세요.
- 문법의 기초까지 구조적으로 이해할 수 있습니다.
  영어 발음과 최대한 비슷하게 한글로 친절하게 표기하였습니다.

덩어리로 말하기

난 버스를 타는게		take a bus.
집에 가는게		go home.
집에 있는게	(~하는 것이) 차라리 더 낫겠어. **I'd rather**	stay home.
혼자 있는게		be alone.

- 왼쪽에는 한글 문장을 오른쪽에는 한글 문장에 대응되는 영어문장을 한 눈에 볼 수 있습니다.

원어민 음성을 홈페이지에서 다운받아 반복해 들으면서
눈으로 보고, 귀로 듣고, 입으로 따라 말하는
입체적인 3D 학습을 진행합니다.

한글 또는 영어 문장이 떠오를 수 있도록 한쪽씩 가리고 원어민 음성을 들어보세요.

훈련용 MP3 파일도 함께 제공해 드리니
반복적으로 학습하면 1분에 5문장이 입에서 술술 나옵니다.
(www.pub365.co.kr / 도서 자료실)

Contents

01	Let's go ~	12
02	Let's ~	16
03	Let's not ~	20
04	I gotta ~	24
05	You gotta ~	28
06	Please don't ~	32
07	It's time for ~	36
08	Thank you for ~	40
09	I'm sorry for / about ~	44
10	There is ~	48
11	There is no ~	52
12	There are ~	56
13	I'm happy to ~	60
14	I'm here to ~	64
15	This is what ~	68
16	I have + p.p. (과거분사)	72
17	I have to ~	76
18	I don't have to ~	80
19	I prefer A to B	84
20	I'd rather ~	88
21	I'd rather not ~	92
22	I'll probably ~	96
23	I'm getting ~	100
24	I'm getting used to ~	104
25	I'm gonna ~	108
26	I'm not gonna ~	112
27	Feel free to ~	116
28	Here's ~	120

29	Are you + 형용사?	126
30	How about + 동명사?	130
31	Did you enjoy ~?	134
32	Are you going to ~?	138
33	Aren't you going to ~?	142
34	What do you want to ~?	146
35	What are you going to ~?	150
36	Can I have ~?	154
37	Where can I ~?	158
38	When do you ~?	162
39	When are you going to ~?	166
40	When should I ~?	170
41	Are you ready to ~?	174
42	Can I ~?	178
43	Would you like some ~?	182
44	How would you like ~?	186
45	Do you want to ~?	190
46	Where do you want to ~?	194
47	What did you ~?	198
48	Where did you ~?	202
49	How do I get to ~?	206
50	Have you been to ~?	210
51	Any ~?	214
52	Any other ~?	218
53	Can you ~? (능력)	222
54	Can you ~? (부탁)	226
55	Can you give me ~?	230
56	Can you show me ~?	234
57	Can you tell me ~?	238
58	Can you tell me about ~?	242
59	Can you tell me + 의문사?	246
60	Where can you ~?	250

SPEAKIN

01	Let's go ~
02	Let's ~
03	Let's not ~
04	I gotta ~
05	You gotta ~
06	Please don't ~
07	It's time for ~
08	Thank you for ~
09	I'm sorry for / about ~
10	There is ~
11	There is no ~
12	There are ~
13	I'm happy to ~
14	I'm here to ~
15	This is what ~
16	I have + p.p. (과거분사)
17	I have to ~
18	I don't have to ~
19	I prefer A to B
20	I'd rather ~
21	I'd rather not ~
22	I'll probably ~
23	I'm getting ~
24	I'm getting used to ~
25	I'm gonna ~
26	I'm not gonna ~
27	Feel free to ~
28	Here's ~

❓ 영어로 어떻게 말하면 될까요?

우리 쇼핑하러 가요.

Let's go~ [렛츠 고]

"Let's go ~."는 "~하러 가자"는 의미로
어떤 활동을 하러 가자라는 말할 때 잘 쓰인다.

book_01.mp3

- **shopping** 샤핑
쇼핑

- **swimming** 스위밍
수영

- **hiking** 하이킹
등산 (산책로나 낮은 동산)

- **driving** 드롸이빙
운전

- **dancing** 댄싱
춤

1분에 5문장 갑니다!

우리 쇼핑

우리 수영

우리 등산 } (~하러) 가요.

우리 드라이브

우리 춤

오른쪽 페이지를 살짝 가리고 영어를 떠올려 보세요.

훈련용 영상 보기

패턴훈련용
drill_01.mp3

Let's go
- shopping.
- swimming.
- hiking.
- driving.
- dancing.

왼쪽 페이지를 살짝 가리고 원어민 음성을 들으며 뜻을 생각해 보세요.

ⓔ 영어로 어떻게 말하면 될까요?

> 우리 더치페이 해요.

Let's ~
[렛츠]

 "Let's ~."는 "우리 ~해요."라는 의미로 let us의 줄임말이다.

본문학습용
book_02.mp3

- **go Dutch** 고 덧~취
  가다　네델란드의

- **eat out** 이 라웃
  먹다　밖에서

- **stay here** 스테이 히얼
  머무르다　여기서

- **get some rest** 겟 썸 뤠스트
  얻다　약간의　휴식

- **get some air** 겟 썸 에얼
  얻다　약간의　공기

우리 더치페이

우리 외식

우리 여기에 있도록   해요.

우리 좀 쉬도록

우리 바람 좀 쐬도록

 오른쪽 페이지를 살짝 가리고 영어를 떠올려 보세요.

패턴훈련용
drill_02.mp3

Let's
- go Dutch.
- eat out.
- stay here.
- get some rest.
- get some air.

❷ 영어로 어떻게 말하면 될까요?

우리 싸우지 맙시다.

Let's not~ [렛츠 낫]

 "Let's not ~."은 "우리 ~하지 말자."라는 의미로 강하게 권할 때 쓴다.

- **fight** 파잇트

  싸우다, 다투다

- **do that** 두~ 댓

  하다   그것 (앞서 언급한 그 내용, 그 행동)

- **cry** 크롸이

  울다

- **talk about it** 토커 바우 릿

  얘기하다   ~에 대해   그것

- **play the game** 플레이 더 게임

  경기하다   장난, 게임

1분에 5문장 갑니다!

우리 싸우지

우리 그건 하지

우리 울지 　　　　말아요.

우리 그 이야기는 하지

우리 밀당하지

오른쪽 페이지를 살짝 가리고 영어를 떠올려 보세요.

Let's not
- fight.
- do that.
- cry.
- talk about it.
- play the game.

❓ 영어로 어떻게 말하면 될까요?

저 이만 가볼게요.

I gotta ~
[아이 가라]

"I gotta ~."는 "저~ 해야겠어요."라는 의미로
I've got to의 회화적 줄임말이다.

book_04.mp3

- go 고
  가다

- try it 츄라이 잇
  시도하다 그것

- see you now 씨 유 나우
  보다 너 지금

- ask myself 에스ㅋ 마~쎄엘ㅍ
  묻다 나 자신

- buy this 바이 디스
  사다 이것

1분에 5문장 갑니다!

저 이만 가봐야

나 이거 해봐야

지금 당신을 만나야   (~해야) 겠어요.

제 자신에게 물어봐야

전 이거 사야

오른쪽 페이지를 살짝 가리고 영어를 떠올려 보세요.

패턴훈련용
drill_04.mp3

I gotta

go.

try it.

see you now.

ask myself.

buy this.

영어로 어떻게 말하면 될까요?

> 자긴 좀 더 단단해져야 해요.

You gotta ~ [유 가라]

"You gotta ~."는 "당신은 ~해야만 해요."라는 의미로 You've got to의 회화적 줄임말이다.

- be stronger 비 스트로옹걸

  더 센, 더 강한

- be cool 비 쿠울

  서늘한, 침착한

- teach me 티~취 미

  가르치다   나에게

- tell me 텔 미

  말하다   나에게

- see this video 씨~ 디스 뷔디오

  보다   이것   영상

1분에 5문장 갑니다!

자긴 좀 더 단단해져야

자긴 좀 더 쿨해져야

나에게 가르쳐줘야   ~ (해야) 해요.

저한테 말 해줘야

이 영상은 꼭 보셔야

오른쪽 페이지를 살짝 가리고 영어를 떠올려 보세요.

You gotta
- be stronger.
- be cool.
- teach me.
- tell me.
- see this video.

왼쪽 페이지를 살짝 가리고 원어민 음성을 들으며 뜻을 생각해 보세요.

ⓔ 영어로 어떻게 말하면 될까요?

가지 마세요.

Please don't ~ [플리즈 돈트]

"Please don't ~."는 "~하지 마세요."라는 의미로
부정 명령문이며, "~하지 말아달라."라는 부탁의 의미도 있다.

- **go** 고~오
  가다

- **leave me** 리~브 미
  떠나다 나를

- **interrupt me** 인터럽 미
  방해하다 나를

- **bother me** 바덜 미
  괴롭히다 나를

- **get me wrong** 겟 미 렁
  받다, 가지다 나를 그릇된

가지

날 떠나지

방해하지   (~하지) 마세요.

제발 나를 괴롭히지

내 말 오해하지

오른쪽 페이지를 살짝 가리고 영어를 떠올려 보세요.

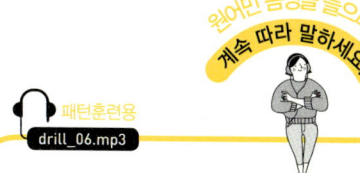

Please don't
- go.
- leave me.
- interrupt me.
- bother me.
- get me wrong.

❓ 영어로 어떻게 말하면 될까요?

> 변화가 필요한 시기에요.

It's time for ~ [잇츠 타임 포올]

"It's time for ~."는 "~할 시간이야."라는 의미로 전치사 for 뒤에 명사/동명사 형태의 말이 와야 한다. for와 같은 전치사 뒤에는 I가 아니라 me와 같은 목적격 인칭대명사가 온다.

본문학습용
book_07.mp3

- English 잉글리쉬
  영어

- a change 어 췌스
  변화

- Allyfunshow 앨리펀쇼
  앨리펀쇼

- you and me 유 앤 미
  너   그리고   나

- saying good-bye 쎄잉 굿빠이
  말하는 것   작별 인사, 안녕

영어 공부

변화가 필요

앨리펀쇼   (~할) 시간/시기에요.

너와 나를 위한

이제 헤어질

오른쪽 페이지를 살짝 가리고 영어를 떠올려 보세요.

It's time for

- English.
- a change.
- Allyfunshow.
- you and me.
- saying good-bye.

❓ 영어로 어떻게 말하면 될까요?

> 도와주셔서 감사합니다.

Thank you for ~ [땡 큐 포올]

"Thank you for ~."는 "~에 대해 고마워."라는 의미로 고마운 내용이 전치사 for 뒤에 명사/동명사 형태로 온다.

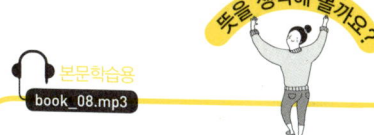

본문학습용
book_08.mp3

- **your help** 유얼 헬프
  너의   도움

- **your time** 유얼 타임
  너의   시간

- **your trouble** 유얼 츄러블
  너의   수고, 문제

- **your gift** 유얼 기프트
  너의   선물

- **your reply** 유얼 뤼플라이
  너의   답장

도와주셔서

시간 내주셔서

수고해 주셔서 — (~에 대해) 감사합니다.

선물

답장해 주셔서

오른쪽 페이지를 살짝 가리고 영어를 떠올려 보세요.

Thank you for
- your help.
- your time.
- your trouble.
- your gift.
- your reply.

ⓔ **영어로 어떻게 말하면 될까요?**

실수해서 죄송해요.

I'm sorry for / about ~

[아임 쏘리 포올/어바웃]

"I'm sorry for ~."는 "~에 대해 미안해."라는 의미로 미안한 내용이 전치사 for 뒤에 명사/동명사 형태로 온다.

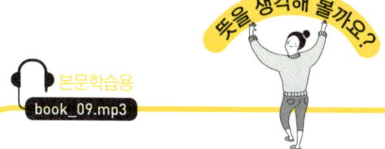

- **my mistake** 마이 미스테이크
  나의　　실수

- **your loss** 유얼 로~스
  너의　　상실, 분실

- **the late reply** 더 레잇 뤼플라이
  　　　늦은　　답장

- **yesterday** 예스털데이
  어제

- **what I said** 와 라 쎄~드
  ~것　　나　말했다

1분에 5문장 갑니다!

실수해서

너의 상실에 대해
* 삼가 고인의 명복을 빕니다.

답장이 늦어

(~에 대해) 미안해요.
/ 유감이에요.

어제 일은

제가 한 말에 대해서는

오른쪽 페이지를 살짝 가리고 영어를 떠올려 보세요.

I'm sorry for / about

- my mistake.
- your loss.
- the late reply.
- yesterday.
- what I said.

❓ 영어로 어떻게 말하면 될까요?

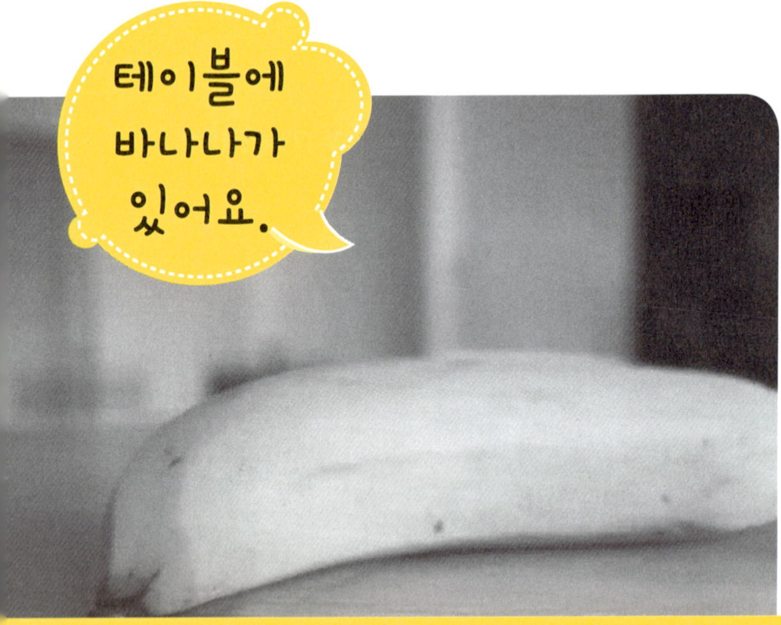

테이블에 바나나가 있어요.

There is ~ [데얼 이즈]

"There is ~."는 "~이 있다.", "존재한다."의 의미로 there is 뒤에 단수 명사를 쓴다.

a banana on the table
어 버네나 온 더 테이블
바나나 　 ~위에 　 식탁

more behind
모얼 비하인드
더 많은 　 ~뒤에

nothing in the fridge
낫띵 인 더 프릿쥐
아무것도 아닌 것 　 ~안에 　 냉장고

something about Mary
썸띵 어밧 매뤼
어떤 것 　 ~에 대해 　 메리

somebody out there
썸바리 아웃 데얼 폴 미
누군가 　 바깥 　 저쪽에

for me
위해 　 나를

1분에 5문장 갑니다!

테이블에 바나나

비하인드 스토리가 더

냉장고는 비어   (~이/가) 있어.

메리에겐 뭔가 특별한 것

내게 맞는 사람이 어디엔가

오른쪽 페이지를 살짝 가리고 영어를 떠올려 보세요.

There is
- a banana on the table.
- more behind.
- nothing in the fridge.
- something about Mary.
- somebody out there for me.

ⓔ 영어로 어떻게 말하면 될까요?

기회는 없어.

There is no ~ [데어 리즈 노]

"There is no ~."는 "~이 없다.", "존재하지 않는다."라는 의미로 There is no 다음에 명사를 쓰면 된다.

- **chance** 췐쓰
  기회

- **problem** 프라브럼
  문제

- **point** 포인트
  요점

- **second chance** 쎄컨 췐쓰
  두 번째의 　　　 기회

- **excuse** 익스큐~즈
  변명

기회

아무 문제

요점   (~이/가) 없어.

'다음에'라는 말

변명의 여지

오른쪽 페이지를 살짝 가리고 영어를 떠올려 보세요.

There is no
- chance.
- problem.
- point.
- second chance.
- excuse.

🇪 **영어로 어떻게 말하면 될까요?**

요즘 문제가 좀 많아요.

There are ~ [데얼 아알]

"There are ~."는 "~이 있다.", "존재한다."는 의미로 there are 뒤에 복수 명사가 온다.

- 매니 프라브럼즈 디즈 데이즈
many problems these days
많은   문제   이   날들 (요즘)

- **some questions** 썸 퀘스천즈
몇, 조금   질문들

- 쏘 매니 피쁠 인 인디아
so many people in India
정말 많은   사람들   ~안에 인도

- 원헌드러드 뤼즌즈 와이 아이 럽 힘
100 reasons why I love him
이유들   왜   내가 사랑하다 그를

- 쓰뤼 웨이즈 투 비 해삐얼
3 ways to be happier
방법들   더 행복한

1분에 5문장 갑니다!!

요즘 문제가 좀 많이

질문이 좀

인도에는 사람이 정말 많이   (~이/가) 있어.

그 사람을 사랑하는 이유 100가지가

더 행복해지는 방법 3가지가

오른쪽 페이지를 살짝 가리고 영어를 떠올려 보세요.

There are
- many problems these days.
- some questions.
- so many people in India.
- 100 reasons why I love him.
- 3 ways to be happier.

❓ 영어로 어떻게 말하면 될까요?

다시 봽게 되어 기뻐요.

I'm happy to ~ [아임 해피 투]

"I'm happy to ~."는 "~해서 기쁘다."라는 의미로 to 뒤에 동사원형이 온다.

- **see you again** 씨 유 어겐
  보다   너   다시

- **hear that** 히얼 뎃
  듣다   그것

- **work with you** 월크 위 듀
  일하다   ~와 함께   너

- **help you** 헬 퓨
  돕다   너

- **be here** 비~ 히얼
  있다   여기

1분에 5문장 갑니다!

다시 뵙게 되어

소식 듣게 되어

당신과 함께 일할 수 있어 　(~해서) 기뻐.

당신을 도울 수 있어

여기 있게 되어

오른쪽 페이지를 살짝 가리고 영어를 떠올려 보세요.

I'm happy to

- see you again.
- hear that.
- work with you.
- help you.
- be here.

영어로 어떻게 말하면 될까요?

널 만나러 왔어.

I'm here to ~
[아임 히얼 투]

"I'm here to ~."는 "~하기 위해 내가 여기 있다.", "여기에 왔다."라는 의미로, 내가 여기에 온 목적을 이야기할 때 쓴다.

 본문학습용
book_14.mp3

- **see you** 씨 유
  보다　너

- **help you** 헬 퓨
  돕다　너

- **take care of you** 테익 케얼 업~유
  가져가다　보살핌　~의　너

- **say I'm sorry** 쎄이 암 쏘뤼
  말하다　나　미안한

- **say I love you** 쎄이 알 러 뷰
  말하다　나　사랑하다　너

널 만나러

널 도우러

널 보살펴 주러 (~하러) 왔어.

사과하러

사랑한다 말하려고

오른쪽 페이지를 살짝 가리고 영어를 떠올려 보세요.

훈련용 영상 보기

패턴훈련용
drill_14.mp3

I'm here to
- see you.
- help you.
- take care of you.
- say I'm sorry.
- say I love you.

왼쪽 페이지를 살짝 가리고 원어민 음성을 들으며 뜻을 생각해 보세요.

❓ 영어로 어떻게 말하면 될까요?

이건 내가 원하는 거야.

This is what ~ [딧 씨즈 왓]

"This is what (주어+동사)"는 "이게 내가 (주어+동사)한 것이다."
라는 의미로 what 다음에 주어+동사가 온다는 것을 기억해야 한다.

- I want _{아이 원트}

  나는 원하다

- I want for Christmas _{아이 원 폴 크뤼쓰마쓰}

  나는 원하다 ~위해 크리스마스

- you want _{유 원트}

  너는 원하다

- you need _{유 니~드}

  너는 필요하다

- you told me _{유 톨 미}

  너는 말했다 나에게

내가 원하는 건

크리스마스에 받고 싶은 건

네가 원하는 건 (~하는 건) 이거야.

너한테 필요한 건

네가 나한테 말한 건

오른쪽 페이지를 살짝 가리고 영어를 떠올려 보세요.

This is what
- I want.
- I want for Christmas.
- you want.
- you need.
- you told me.

ⓔ 영어로 어떻게 말하면 될까요?

> 그를 만난 적 있다.

I've + p.p. [아이브]

 (현재완료 경험적 용법) "I've +p.p.(과거분사) ~." "~한 적이 있다." 라는 의미로 자신의 경험을 나타낼 때 자주 쓴다. 이외 현재완료의 계속적·완료적·결과적 용법 등도 I've + p.p. 패턴으로 말할 수 있다.

- **met him** 메 림

  만났다   그를

- **met him before** 메 림 비폴

  만났다   그를   이전에

- **seen it** 씨 닛

  봤다   그것을

- **heard that song** 헐 뎃 쏭

  들었다   그   노래를

- **been there** 비인 데얼

  있었다   거기에

그를 만난

전에 그를 만난

그거 본 적 } (~한 적이) 있어.

그 노래 들어 본

거기에 가본

오른쪽 페이지를 살짝 가리고 영어를 떠올려 보세요.

패턴훈련용
drill_16.mp3

원어민 음성을 들으며 계속 따라 말하세요.

훈련용 영상 보기

I've
- met him.
- met him before.
- seen it.
- heard that song.
- been there.

왼쪽 페이지를 살짝 가리고 원어민 음성을 들으며 뜻을 생각해 보세요.

영어로 어떻게 말하면 될까요?

> 나 일찍 일어나야 해.

I have to ~ [아 햅 투]

"I have to ~."는 "~해야만 해."라는 의미로 꼭 해야만 하는 것에 대해 어필하거나 말할 때 쓴다.

- **go** 고
  가다

- **get up early** 게 럽 어얼리
  일어나다   일찍

- **think about it** 띵 커바우 릿
  생각하다   ~에 대해   그것

- **work hard** 월크 하알드
  일하다   열심히

- **study hard** 스터디 하알드
  공부하다   열심히

나 가봐야

나 일찍 일어나야

그건 생각해 봐야   (~해야) 해요.

난 열심히 일해야

난 열심히 공부해야

오른쪽 페이지를 살짝 가리고 영어를 떠올려 보세요.

I have to
- go.
- get up early.
- think about it.
- work hard.
- study hard.

ⓔ 영어로 어떻게 말하면 될까요?

나 안 가도 돼.

I don't have to ~
[아 돈 햅 투]

"I don't have to ~."는 "~할 필요가 없다.", "~하지 않아도 된다." 라는 의미이다.

- **go** 고
  가다

- **get up early** 게 럽 어얼리
  일어나다   일찍

- **worry** 워뤼
  걱정하다

- **be smart** 비 스맡트
  있다   똑똑한

- **leave now** 립 나우
  떠나다   지금

나 가지

난 일찍 일어나지

나는 걱정할

(〜하지) 않아도 돼.
(〜할) 필요가 없어.

내가 굳이 똑똑할

지금 떠나지

오른쪽 페이지를 살짝 가리고 영어를 떠올려 보세요.

I don't have to
- go.
- get up early.
- worry.
- be smart.
- leave now.

ⓔ 영어로 어떻게 말하면 될까요?

> 소고기보다 닭고기가 좋아.

I prefer ~ to ~
[아이 프뤼펄~투]

"I prefer (A) to (B)" 비교하는 두 가지를 놓고 (B)보다 (A)를 "더 좋아한다.", "선호한다."라는 의미로 쓴다. 여기 쓰인 to는 비교하는 두 대상 사이에 위치하며 "~보다"라는 의미로 쓰이게 된다.
prefer 뒤에는 than을 쓰지 않는다.

- **chicken to beef** 취킨 투 비~프
  닭고기 ~보다 소고기

- **coffee to tea** 커피 투 티~
  커피   ~보다 차

- **beef to pork** 비~프 투 포올크
  소고기 ~보다 돼지고기

- **hot chocolate to iced soda** 핫 초콜릿 투 아이스트 소다
  뜨거운 초콜릿 ~보다 차게 식힌
  소다

- **working to being lazy** 월킹 투 비잉 레이지
  일하고 있는 것 ~보다 ~있는 것 게으른

1분에 5문장 갑니다!

소고기보다 닭고기가

차보다 커피를

돼지고기보다 소고기를 — 좋아요. / 선호해요.

차가운 소다보다 핫초코를

게으르게 있는 것보다
일하는 게

오른쪽 페이지를 살짝 가리고 영어를 떠올려 보세요.

I prefer

- chicken to beef.
- coffee to tea.
- beef to pork.
- hot chocolate to iced soda.
- working to being lazy.

◎ 영어로 어떻게 말하면 될까요?

난 차라리 버스를 탈게.

I'd rather ~ [아이드 뢔덜]

"I'd rather ~."은 I would rather의 줄임말로
"~하는 것이 차라리 더 낫겠다."라는 말이다.

take a bus 테이 커 버스
타다, 가지다 　　버스

go home 고 홈
가다 　집에

stay home 스테이 홈
머무르다 　집에

be alone 비 얼론
있다 　홀로

take the test 테익 더 테스트
치다, 가지다 　　시험

난 버스를 타는게

집에 가는게

집에 있는게

혼자 있는게

시험을 치는게

(~하는 것이)
차라리 더 낫겠어.

오른쪽 페이지를 살짝 가리고 영어를 떠올려 보세요.

I'd rather take a bus.

I'd rather go home.

I'd rather stay home.

I'd rather be alone.

I'd rather take the test.

❷ 영어로 어떻게 말하면 될까요?

아무 말 않는 편이 좋겠어요.

I'd rather not ~
[아이드 뢰덜 낫]

"I'd rather not ~."은 I'd rather의 반대말로 "~하지 않는 것이 차라리 좋겠다."라는 말이다.

• say anything 쎄이 애니띵
말하다 무언가를

• talk 톡크
이야기하다

• think about it 띵 커바우 릿
생각하다   ~에 대해   그것

• go to the party 고 투 더 파뤼
가다   ~로   파티

• see her again 씨 헐 어게인
보다   그녀를   다시

아무 말 않는 편이

말하지 않는 게

그건 생각하지 않는 것이   (〜하지 않는 것이) 차라리 더 낫겠어.

파티에 가지 않는 게

그 여자를 다신 안 보는 게

오른쪽 페이지를 살짝 가리고 영어를 떠올려 보세요.

I'd rather not
- say anything.
- talk.
- think about it.
- go to the party.
- see her again.

영어로 어떻게 말하면 될까요?

> 아마도 후회할 거야.

I'll probably ~ [아월 프라버블리]

"I'll probably ~."는 "아마도 ~할 것이다."라는 말로 미래에 대한 추측을 나타낸다.

- **regret** 뤼그뤳
  후회하다

- **say no** 쎄이 노~
  말하다 아니오

- **say yes** 쎄이 예~쓰
  말하다 예

- **quit it** 퀴 릿ㅌ
  그만두다 그것을

- **get better** 갯 배럴
  얻다 더 나은

후회할

거절할

승낙할   아마도 (~할) 거야.

그만둘

괜찮아질

오른쪽 페이지를 살짝 가리고 영어를 떠올려 보세요.

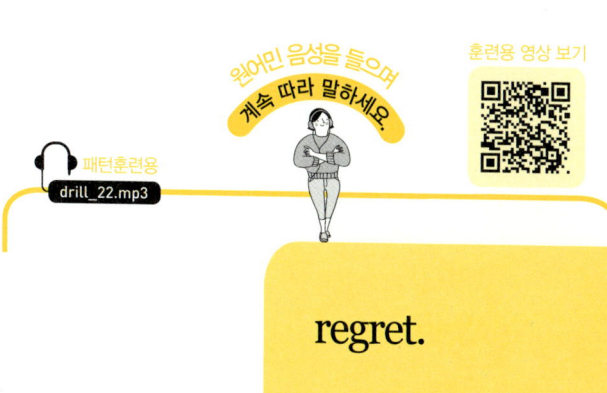

I'll probably regret.

I'll probably say no.

I'll probably say yes.

I'll probably quit it.

I'll probably get better.

❓ 영어로 어떻게 말하면 될까요?

> 점점 배가 고파온다.

I'm getting ~ [아임 게링]

"I'm getting ~."은 "점점 더 ~한 상태가 되다."를 보여줄 때 쓰는 말이다. getting 뒤에 형용사를 써서 어떻게 변해가고 있는지 설명한다.

- **tired** 타이얼드
  피곤한

- **hungry** 헝그뤼
  배고픈

- **sleepy** 슬리피
  졸린, 잠이 오는

- **better** 베럴
  더 나은

- **much better** 멋취 베럴
  훨씬   더 나은

피곤해지고

배가고파지고

잠이 오고

좋아지고

훨씬 좋아지고

(점점) ~해지고 있어.

오른쪽 페이지를 살짝 가리고 영어를 떠올려 보세요.

I'm getting
- tired.
- hungry.
- sleepy.
- better.
- much better.

왼쪽 페이지를 살짝 가리고 원어민 음성을 들으며 뜻을 생각해 보세요.

ⓔ 영어로 어떻게 말하면 될까요?

적응 중이에요.

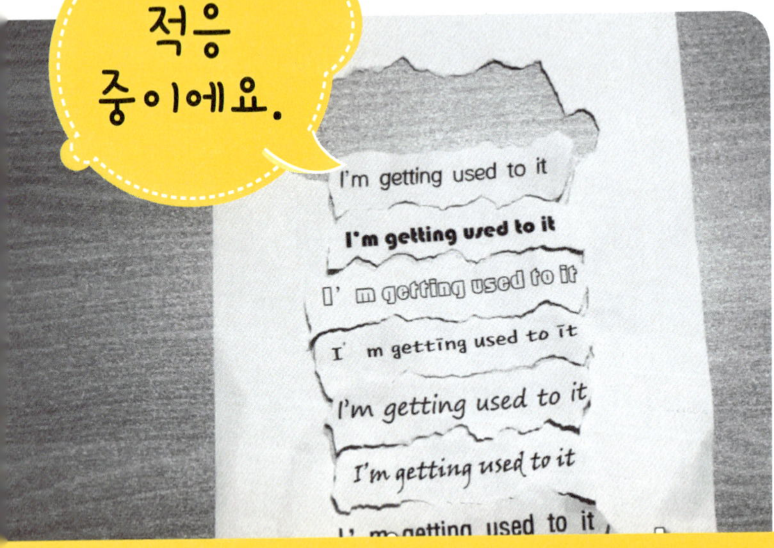

I'm getting used to ~ [아임 게링 유스 투]

"I'm getting used to ~." "점점 더 ~에 익숙해지고 있다."는 뜻으로 to 뒤에 동사가 아닌 명사 혹은 동명사가 와야 한다.

- it 잇
  그것

- driving 드라이빙
  운전

- driving at night 드라이빙 엣 나잇
  운전   밤에

- working here 월킹 히얼
  일하는 것   여기

- working late 월킹 레잇트
  일하는 것   늦은

그것에

운전이

밤길 운전에   적응하고 / 익숙해지고
           있는 중이에요.

이곳 일이

야근이

오른쪽 페이지를 살짝 가리고 영어를 떠올려 보세요.

패턴훈련용
drill_24.mp3

I'm getting used to
- it.
- driving.
- driving at night.
- working here.
- working late.

❓ **영어로 어떻게 말하면 될까요?**

> 널 행복하게 해 줄 거야.

I'm gonna ~ [아임 고나]

 "I'm gonna ~."는 I'm going to의 회화적 구어체 표현으로 "난 ~할 거야.", "~하려고 해."라는 의미로 쓴다.

- # make you happy 매이 큐 해피
  만들다   너를   행복하게

- # miss you 미쓰 유
  그립다   네가

- # be ready soon 비 뢰디 수운
  ~이 되다   준비   곧

- # kill you 킬 류
  죽이다   너를

- # be a star someday 비 어 스탈 썸데이
  ~이 되다   스타   언젠가

널 행복하게 해 줄

네가 그리울

곧 준비 끝날

난 (~할) 거야.

너 가만 안 둘

언젠가 스타가 될

오른쪽 페이지를 살짝 가리고 영어를 떠올려 보세요.

I'm gonna

- make you happy.
- miss you.
- be ready soon.
- kill you!
- be a star someday.

ⓔ 영어로 어떻게 말하면 될까요?

> 난 널 떠나지 않아.

I'm not gonna ~ [아임 낫 고나]

 "I'm not gonna ~."는 I'm gonna의 부정형 말로 "난 ~하지 않을 거야.", "~하지 않으려고."라는 뜻이다.

- **tell you** 텔 류

  말하다　네게

- **leave you** 리 뷰

  떠나다　너를

- **hurt you** 헐 츄

  다치게 하다　너를

- **ask her out** 애스 컬 아웃

  묻다　그녀에게　밖으로

- **give up** 기 법

  포기하다

너한테 말하지

널 떠나지

널 아프게 하지 — (~하지) 않을 거야.

난 걔한테 데이트 신청하지

난 포기하지

오른쪽 페이지를 살짝 가리고 영어를 떠올려 보세요.

훈련용 영상 보기

패턴훈련용
drill_26.mp3

I'm not gonna

tell you.

leave you.

hurt you.

ask her out.

give up.

왼쪽 페이지를 살짝 가리고 원어민 음성을 들으며 뜻을 생각해 보세요.

영어로 어떻게 말하면 될까요?

> 언제든지 편하게 전화해.

Feel free to ~
[퓌일 프뤼 투]

"Feel free to ~."는 "편하게 ~하라."라는 말로
상대방이 부담 없이 어떤 것을 해도 된다는 것을 전할 때 쓰는 말이다.

• call me 콜 미
연락하다　내게

• ask 에스크
물어보다

• e-mail me 이-메일 미
이메일 하다　　내게

• talk to me 톡 투 미
말하다　～에게　내게

• contact us 컨택 터스
접촉하다, 연락하다　우리에게

전화해.

물어봐.

이메일 보내.

언제든지 편하게 ~

이야기해.

연락 주세요.

오른쪽 페이지를 살짝 가리고 영어를 떠올려 보세요.

훈련용 영상 보기

패턴훈련용
drill_27.mp3

Feel free to
- call me.
- ask.
- e-mail me.
- talk to me.
- contact us.

왼쪽 페이지를 살짝 가리고 원어민 음성을 들으며 뜻을 생각해 보세요.

❓ 영어로 어떻게 말하면 될까요?

여기 거스름돈이요.

Here's ~ [히얼즈]

"Here's ~." 뒤에 명사를 써서 "여기 ~가 있다."라고 말할 수 있다. 주로 손으로 뭘 건네주며 이 말을 한다.

- **your change** 유얼 체인쥐
  너의   잔돈, 거스름돈

- **some money** 썸 머니
  약간의   돈

- **the deal** 더 디~일
  거래

- **the thing** 더 띵
  것 (사물, 말, 생각 등)

- **my number** 마이 넘벌
  나의   번호

거스름돈이요.

돈 좀 있어요.

이렇게 합시다.

있잖아.

제 번호예요.

여기 (~이 있어요.)

오른쪽 페이지를 살짝 가리고 영어를 떠올려 보세요.

Here's
- your change.
- some money.
- the deal.
- the thing.
- my number.

29	Are you + 형용사?
30	How about + 동명사?
31	Did you enjoy ~?
32	Are you going to ~?
33	Aren't you going to ~?
34	What do you want to ~?
35	What are you going to ~?
36	Can I have ~?
37	Where can I ~?
38	When do you ~?
39	When are you going to ~?
40	When should I ~?
41	Are you ready to ~?
42	Can I ~?
43	Would you like some ~?
44	How would you like ~?
45	Do you want to ~?
46	Where do you want to ~?
47	What did you ~?
48	Where did you ~?
49	How do I get to ~?
50	Have you been to ~?
51	Any ~?
52	Any other ~?
53	Can you ~? (능력)
54	Can you ~? (부탁)
55	Can you give me ~?
56	Can you show me ~?
57	Can you tell me ~?
58	Can you tell me about ~?
59	Can you tell me + 의문사?
60	Where can you ~?

℮ 영어로 어떻게 말하면 될까요?

> 괜찮니?

Are you ~? [아알 유]

"Are you 형용사?"는 상대방이 (형용사)한 상태인지를 묻는 말이다. busy 한 상태인지, okay 한 상태인지, done 한 상태인지, Are you 뒤에 나오는 형용사에 따라 의미가 바뀐다.

본문학습용
book_29.mp3

- **okay** 오케이
  괜찮은

- **busy** 비지
  바쁜

- **done** 던
  완료된

- **finished** 퓌니쉬ㅌ
  끝난

- **finished yet** 퓌니쉬ㅌ 옛
  끝난   아직, 벌써

괜찮니?

바쁘세요?

다 했어? 너 / 당신은 ~?

다 드셨어요?

벌써 다 끝냈어?

오른쪽 페이지를 살짝 가리고 영어를 떠올려 보세요.

훈련용 영상 보기

패턴훈련용
drill_29.mp3

Are you
- okay?
- busy?
- done?
- finished?
- finished yet?

왼쪽 페이지를 살짝 가리고 원어민 음성을 들으며 뜻을 생각해 보세요.

❓ 영어로 어떻게 말하면 될까요?

> 오늘 밤 영화 보러 가는 건 어때?

How about ~? [하우 어밭]

"How about ~?"은 상대방에게 무언가를 권하거나 의향을 묻는 표현으로 "~는 어때?"라는 뜻을 가진다.

- going for a walk 고잉 폴 어 웍

  가는 것 　～을 위하여 　산책

- remodeling 뤼모델링

  리모델링

- rebooting 뤼부팅

  재부팅

- going to see a movie tonight 고잉 투 씨 어 무비 투나잇

  가는 것 　　보다 　　영화 　오늘 밤

- singing and dancing 씽잉 앤 댄싱

  노래하는 것 　그리고 　춤추는 것

좀 걷는 게

리모델링 하는 게

다시 부팅하는 게   (~하는 게) 어때?

오늘 밤 영화 보러 가는 건

춤추고 노래하는 건

 오른쪽 페이지를 살짝 가리고 영어를 떠올려 보세요.

How about

- going for a walk?
- remodeling?
- rebooting?
- going to see a movie tonight?
- singing and dancing?

❷ 영어로 어떻게 말하면 될까요?

파티 좋았어요?

Did you enjoy ~?
[디 쥬 인죠이]

"Did you enjoy ~?"는 상대방에게 즐거웠는지를 묻는 말로 enjoy 뒤에 명사 혹은 동명사가 와서 어땠는지를 묻는 말로 쓰인다.

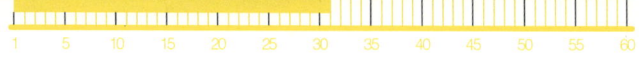

- **the party** 더 파~리
  파티

- **your meal** 유얼 미일
  너의   음식, 식사

- **your vacation** 유얼 배케이셔언
  너의   휴가

- **the movie** 더 무뷔
  영화

- **yourself** 유얼쎄엘프
  너 자신

1분에 5문장 갑니다!

파티는

식사는

휴가는 } (~는) 좋았나요? / 만족했나요? / 즐거웠나요?

영화는

너 자신이

오른쪽 페이지를 살짝 가리고 영어를 떠올려 보세요.

Did you enjoy

- the party?
- your meal?
- your vacation?
- the movie?
- yourself?

ⓔ 영어로 어떻게 말하면 될까요?

> 걔한테 데이트 신청할 거야?

Are you going to ~? [알 류 고잉 투]

 "Are you going to ~?"는 "~할 거니?", "~하려고 하니?"라는 뜻으로 상대방의 작정이나 계획을 물어볼 때 쓴다.

- ## ask her out 애스크 헐 아웃
  묻다   그녀에게   나가는 것을

- ## call him 콜 힘
  전화하다   그에게

- ## text me 텍스트 미
  문자하다   나에게

- ## eat out 이 라웃
  먹다   나가서

- ## come home late 컴 홈 레잇
  오다   집에   늦게

걔한테 데이트 신청할

걔한테 전화할

나한테 문자 보낼   (~할) 거니?

밥 먹으러 나갈

오늘 집에 늦게 들어올

오른쪽 페이지를 살짝 가리고 영어를 떠올려 보세요.

패턴훈련용
drill_32.mp3

Are you going to

- ask her out?
- call him?
- text me?
- eat out?
- come home late?

왼쪽 페이지를 살짝 가리고 원어민 음성을 들으며 뜻을 생각해 보세요.

❓ 영어로 어떻게 말하면 될까요?

> 손 안 씻을 거니?

Aren't you going to ~?
[안 츄 고잉 투]

"Aren't you going to ~?"는 "~하지 않을 거니?", "~하지 않을 작정이야?"라는 의미로 상대방에게 작정과 계획, 의도를 물어볼 때 쓴다.

wash your hands
와쉬 유얼 핸즈
씻다   너의   손들

wash your face
와쉬 유얼 f페이스
씻다   너의   얼굴

wash your car
와쉬 유얼 카
씻다   너의   자동차

clean your room
크린 유얼 룸
청소하다   너의   방

brush your teeth
브러쉬 유얼 티쓰
닦다   너의   이들 (* tooth의 복수형)

1분에 5문장 갑니다!

손 씻는 거

세수

세차 (~를) 안 할 거니?

방 청소

이 닦는 거

오른쪽 페이지를 살짝 가리고 영어를 떠올려 보세요.

Aren't you going to

- wash your hands?
- wash your face?
- wash your car?
- clean your room?
- brush your teeth?

ⓔ 영어로 어떻게 말하면 될까요?

뭐 먹고 싶어?

What do you want to ~? [와 루 유 원 투]

"What do you want to ~?"는 상대방이 무엇을 원하는지를 물어볼 때 쓴다. 이때 to 다음에 동사 원형이 온다.

本文학습용
book_34.mp3

- **eat** 이~잇트

  먹다

- **do** 두

  하다

- **say** 쌔이

  말하다

- **be** 비~

  되다

- **make** 메익ㅋ

  만들다

먹고

하고

말하고   뭘 (~하고) 싶어?

되고

만들고

오른쪽 페이지를 살짝 가리고 영어를 떠올려 보세요.

패턴훈련용
drill_34.mp3

원어민 음성을 들으며 계속 따라 말하세요.

훈련용 영상 보기

What do you want to
- eat?
- do?
- say?
- be?
- make?

왼쪽 페이지를 살짝 가리고 원어민 음성을 들으며 뜻을 생각해 보세요.

영어로 어떻게 말하면 될까요?

> 이번 주말에 뭐 할 거야?

What are you going to ~?
[와 라 유 고잉 투]

 "What are you going to ~?"는 상대방에게 무엇을 할 예정인지를 물어볼 때 쓴다.

- **do this weekend** 두 디 쓰 위켄드

  하다   이번   주말

- **do on Sunday** 두 온 썬데이

  하다   ~에   일요일

- **do on your birthday** 두 온 유얼 벌쓰데이

  하다   ~에   너의   생일

- **tell him** 텔 힘

  말하다   그에게

- **tell her** 텔 헐

  말하다   그녀에게

이번 주말에

일요일에

네 생일에

(~에) 뭐할 거야? /
뭐라 할 거야?

그 사람한테 말을

그녀에게 말을

오른쪽 페이지를 살짝 가리고 영어를 떠올려 보세요.

패턴훈련용
drill_35.mp3

What are you going to

- do this weekend?
- do on Sunday?
- do on your birthday?
- tell him?
- tell her?

❓ 영어로 어떻게 말하면 될까요?

> 한입만 줄래?

Can I have ~? [캐 나이 해브]

 "Can I have ~?"는 내가 "~을 먹어도 되는지?"의 뜻으로 허락을 구할 때 쓰는 말이다.

- **a bite** 어 바잇트
  한 입

- **one sip** 원 씹
  하나   모금

- **some water** 썸 워럴
  약간의   물

- **some coffee** 썸 커퓌
  약간의   커피

- **some hot tea** 썸 핫 티~
  약간의   뜨거운 차

1분에 5문장 갑니다!

한입만

한 모금만

물 좀   ~ 줄래?

커피

따뜻한 차로

오른쪽 페이지를 살짝 가리고 영어를 떠올려 보세요.

drill_36.mp3

Can I have
- a bite?
- one sip?
- some water?
- some coffee?
- some hot tea?

왼쪽 페이지를 살짝 가리고 원어민 음성을 들으며 뜻을 생각해 보세요.

ℯ 영어로 어떻게 말하면 될까요?

어디에 도움을 요청 하면 돼요?

Where can I ~?
[웨얼 캐 나이]

 "Where can I ~?"는 "어디서 내가 ~할 수 있는지?"의 뜻으로 장소에 대한 정보를 묻는 말이다.

- **find help** 파인드 헬프
  찾다   도움

- **get it** 게 릿
  얻다   그것

- **get a chair** 게 러 췌얼
  얻다   의자

- **learn Korean** 러언 코뤼언
  배우다   한국어

- **learn English** 러언 잉글리쉬
  배우다   영어

1분에 5문장 갑니다!

도움을 요청할 수

그걸 구할 수

의자를 가져올 수   어디서 (~을 할 수) 있나요?

한국어를 배울 수

영어를 배울 수

오른쪽 페이지를 살짝 가리고 영어를 떠올려 보세요.

Where can I
- find help?
- get it?
- get a chair?
- learn Korean?
- learn English?

영어로 어떻게 말하면 될까요?

가게 문 언제 닫아요?

When do you ~?
[웬 두 유]

"When do you ~?"는 상대방이 "언제 ~하는지?"의 뜻으로 시기나 때를 묻는 말이다.

- **close** 클로우즈

  닫다

- **leave** 리~브

  떠나다

- **use it** 유 짙

  사용하다 그것

- **say bless you** 쎄이 블레스 유

  말하다 축복하다 너

- **call 911** 코올 나인원원

  전화하다

문 닫아요?

떠나?

그걸 사용해요?   언제 (~하나요?)

Bless you라는 말은 해요?

911에 전화하는 거죠?

오른쪽 페이지를 살짝 가리고 영어를 떠올려 보세요.

패턴훈련용
drill_38.mp3

When do you
- close?
- leave?
- use it?
- say bless you?
- call 911?

왼쪽 페이지를 살짝 가리고 원어민 음성을 들으며 뜻을 생각해 보세요.

❓ 영어로 어떻게 말하면 될까요?

언제 철들래?

When are you going to ~?
[웬 아 유 고잉 투]

"When are you going to ~?"는 "언제 ~하려고 하니?"의 뜻이다.

grow up
그로우 업
자라다   위로

leave your office
리 뷰얼 어퓌스
떠나다   너의   사무실

start your business
스탈트 유얼 비지니스
시작하다   너의   사업

come visit me
컴 비짙 미
오다   방문하다   나를

call your mom
콜 유얼 마앰
전화하다   너의   엄마

1분에 5문장 갑니다!

철들래?

사무실에서 출발하시나요?

사업 시작할 건가요?   언제 (~하려 하니?)

방문할 예정인가요?

엄마한테 전화 드리려고?

오른쪽 페이지를 살짝 가리고 영어를 떠올려 보세요.

When are you going to

- grow up?
- leave your office?
- start your business?
- come visit me?
- call your mom?

영어로 어떻게 말하면 될까요?

내가 언제 일어나야 할까?

When should I ~?
[웬 슈 다이]

"When should I ~?"는 "내가 언제 ~해야만 하나요?"의 뜻으로 상대방의 조언이나 충고, 생각을 듣고자 할 때 묻는 말이다.

 본문학습용
book_40.mp3

wake up 웨이 컵
깨다

take the SAT 테익 더 에스에이티
취하다, 치다　　　SAT (* 미국형 수능)

text　her 텍스트 헐
문자를 보내다　그녀에게

get a flu shot 게 러 플루 샷
얻다　　　독감　주사

use IP 유즈 아이피
사용하다

171

내가 일어나야 할까?

SAT 시험을 쳐야 할까?

문자를 보내야 하지? 언제 (~해야 해요?)

독감 주사는 맞아야 해요?

IP는 이용해야 하죠?

오른쪽 페이지를 살짝 가리고 영어를 떠올려 보세요.

When should I

- wake up?
- take the SAT?
- text her?
- get a flu shot?
- use IP?

❷ 영어로 어떻게 말하면 될까요?

주문하시겠습니까?

Are you ready to ~?
[알 유 뢰디 투]

 "Are you ready to ~?"는 상대방이 "~할 준비가 되었는지?"를 묻는 말이다.

- **order** 오덜

  주문하다

- **go** 고

  가다, 출발하다

- **go abroad** 고 어브로우드

  가다   해외로, 외국으로

- **study abroad** 스터디 어브로우드

  공부하다   해외로, 외국으로

- **run** 뤈

  달리다

1분에 5문장 갑니다!

주문

출발

외국에 갈   (~할) 준비 됐니?

유학

달릴

오른쪽 페이지를 살짝 가리고 영어를 떠올려 보세요.

Are you ready to

- order?
- go?
- go abroad?
- study abroad?
- run?

영어로 어떻게 말하면 될까요?

얘기 좀 할 수 있을까요?

Can I ~? [캔 나이]

"Can I ~?"는 상대방에게 허락을 구하는 대표적 패턴으로 "내가 ~해도 되나요?"라는 뜻으로 쓰인다.

본문학습용
book_42.mp3

- **talk to you** 톡 투 유
얘기하다 ～에게 너

- **take it** 테이 킷
가져가다 그것

- **do it** 두 잇
하다 그것

- **try it** 츄라이 잇
시도하다 그것

- **help you** 헬 퓨우
돕다 너를

1분에 5문장 갑니다!

이야기 좀 해도

이거 가져가도

제가 해봐도 　　　　　(~해도) 돼요?

제가 한번 해봐도

제가 도와드려도
* 제가 도와드릴까요?

오른쪽 페이지를 살짝 가리고 영어를 떠올려 보세요.

Can I talk to you?

Can I take it?

Can I do it?

Can I try it?

Can I help you?

❓ 영어로 어떻게 말하면 될까요?

> 커피 좀 드실래요?

Would you like some ~? [우 쥬 라익 썸]

 "Would you like some ~?"은 상대방에게 뭔가를 먹으라고 권할 때 자주 쓰며, "~좀 드실래요?"라는 의미이다.

tea 티~
차

coffee 커~퓌
커피

more coffee 모얼 커~퓌
더   커피

슈걸 위 듀얼 커퓌
sugar with your coffee
설탕   ~와 함께   너의   커피

크륌 위 듀얼 커퓌
cream with your coffee
크림   ~와 함께   너의   커피

차

커피

커피 더   (~ 좀) 드실래요?

커피에 설탕

커피에 크림

오른쪽 페이지를 살짝 가리고 영어를 떠올려 보세요.

Would you like some

- tea?
- coffee?
- more coffee?
- sugar with your coffee?
- cream with your coffee?

ⓔ 영어로 어떻게 말하면 될까요?

스테이크 어떻게 해서 드릴까요?

How would you like ~?
[하우 우 쥬 라익]

"How would you like ~?"은 "~는 어떻게 해서 드릴까요?"라는 의미로 음식이나 머리 스타일에 대한 취향을 질문할 때 잘 쓴다.

- **your steak** 유얼 스테이크
  너의   스테이크

- **your coffee** 유얼 커~퓌
  너의   커피

- **your egg** 유얼 에~그
  너의   계란

- **meat cooked** 미~트 쿠욱트
  고기 (* 육류)   요리된

- **your hair done** 유얼 헤얼 더언
  너의   머리   완성된

1분에 5문장 갑니다!

스테이크

커피

계란   ~ 어떻게 해드릴까요?

고기 요리

머리 (스타일)

오른쪽 페이지를 살짝 가리고 영어를 떠올려 보세요.

How would you like
- your steak?
- your coffee?
- your egg?
- meat cooked?
- your hair done?

❓ 영어로 어떻게 말하면 될까요?

영화 보고 싶어?

Do you want to ~?
[두 유 원 투]

"Do you want to ~?"는 상대방에게 "~하길 원하니?"라고 직설적으로 물어보는 말이다. 상대가 뭘 원하는지 정확히 알고 싶을 때 쓴다.

- **see a movie** 씨어 무비
  보다　　　영화

- **die or something** 다이 오얼 썸띵
  죽다　아니면　어떤 것

- **go out tonight** 고 아웃 투나잇
  가다　밖으로　오늘 밤

- **eat something** 잇 썸띵
  먹다　　어떤 것

- **talk about it** 토 커바우 릿
  얘기하다　~에 대해　그것

영화 보고

죽고

오늘 밤에 외출하고   (~하고) 싶어?

뭐 좀 먹고

그것에 대해 얘기 좀 하고

오른쪽 페이지를 살짝 가리고 영어를 떠올려 보세요.

Do you want to
- see a movie?
- die or something?
- go out tonight?
- eat something?
- talk about it?

Q 영어로 어떻게 말하면 될까요?

어디 가고 싶어요?

Where do you want to ~?

[웨얼 두 유 원 투]

"Where do you want to ~?"는 "어디서 ~하고 싶니?"라는 의미로 장소에 대해 묻는 말이다.

- **go** 고
  가다

- **go today** 고 투데이
  가다   오늘

- **go tomorrow** 고 투마로우
  가다   내일

- **go shopping** 고 샤핑
  가다   쇼핑

- **work** 웍크
  일하다

1분에 5문장 갑니다!!

가고

오늘 가고

내일 가고   어디 (~하고) 싶어?

쇼핑하러

일하고

오른쪽 페이지를 살짝 가리고 영어를 떠올려 보세요.

패턴훈련용
drill_46.mp3

Where do you want to

go?

go today?

go tomorrow?

go shopping?

work?

❓ 영어로 어떻게 말하면 될까요?

뭐라고 말했어?

What did you ~?
[왓 디쥬]

"What did you ~?"는 상대가 말했는지, 먹었는지 등 무엇을 했는지를 물어보는 말이다. 과거 시제를 썼다.

🎧 본문학습용
book_47.mp3

- **say** 쎄이

  말하다

- **eat** 이잇ㅌ

  먹다

- **tell me** 텔 미

  말하다   내게

- **do** 두

  하다

- **see** 씨이

  보다

말했어?

먹었어?

나한테 말했어요?

했어요?

봤어?

무엇을 (~했어?)

오른쪽 페이지를 살짝 가리고 영어를 떠올려 보세요.

What did you say?

What did you eat?

What did you tell me?

What did you do?

What did you see?

ⓔ 영어로 어떻게 말하면 될까요?

이거 어디서 났어요?

Where did [웨얼 디 쥬]
you ~?

 "Where did you ~?"는 상대가 "어디서 ~했는지?"를 묻는 말이다.

- **get it** 게릿
  얻다 그것

- **go** 고
  가다

- **live** 립
  살다

- **stay** 스테이
  머무르다

- **work** 월크
  일하다

1분에 5문장 갑니다!

얻었어?

갔었어?

살았어? 어디(에서) ~?

머물렀어?

일했어?

오른쪽 페이지를 살짝 가리고 영어를 떠올려 보세요.

훈련용 영상 보기

패턴훈련용
drill_48.mp3

Where did you
- get it?
- go?
- live?
- stay?
- work?

왼쪽 페이지를 살짝 가리고 원어민 음성을 들으며 뜻을 생각해 보세요.

❓ 영어로 어떻게 말하면 될까요?

> 화성엔 어떻게 가죠?

How do I get to ~?

[하우 두 아이 겟 투]

 "How do I get to ~?"는 어떻게 그 장소까지 가는지, 교통편을 묻고 싶을 때 쓴다. "~까지 어떻게 가나요?"라는 뜻이다.

- # Madrid 메드뤼드
  마드리드

- # Busan 부싼
  부산

- # Mars 말~스
  화성

- # Seoul station 써울 스테이션
  서울   역

- # JFK 제이에프케이
  JFK 공항

1분에 5문장 갑니다!

마드리드엔

부산엔

화성엔   어떻게 가나요?

서울역에

JFK 공항에

오른쪽 페이지를 살짝 가리고 영어를 떠올려 보세요.

패턴훈련용
drill_49.mp3

How do I get to

Madrid?

Busan?

Mars?

Seoul station?

JFK?

왼쪽 페이지를 살짝 가리고 원어민 음성을 들으며 뜻을 생각해 보세요.

❷ 영어로 어떻게 말하면 될까요?

한국에 가 본 적 있어요?

Have you been to ~? [해 뷰 빈 투]

"Have you been to ~?" 뒤에 장소를 써서
"너 ~에 가본 적 있니?"라고 상대방의 경험을 물어볼 수 있다.

- **Jeju Island** 제주 아일랜드
  제주도

- **Korea** 코뤼아
  한국

- **New York city** 뉴 욜크 씨리
  뉴욕   도시

- **Japan** 제펜앤
  일본

- **the States** 더 스테이츠
  미국

1분에 5문장 갑니다!

제주도

한국

뉴욕   ~에 가본 적 있어요?

일본

미국

오른쪽 페이지를 살짝 가리고 영어를 떠올려 보세요.

Have you been to
- Jeju Island?
- Korea?
- New York city?
- Japan?
- the States?

🔵 영어로 어떻게 말하면 될까요?

> 혹시 제안할 거 있나요?

Any ~? [애니]

 의문문에 any를 사용해서 "혹시 ~가 있나요?"라고 물어볼 때 쓸 수 있다. "Do you have any ~?"의 줄임말이다.

본문학습용
book_51.mp3

- **questions** 퀘스쳔즈

  질문들

- **suggestions** 써제스쳔즈

  제안들

- **ideas** 아이디어즈

  아이디어들

- **good movies** 굿 무비즈

  좋은 영화들

- **volunteers** 발런티얼즈

  지원자들

질문

제안

아이디어   혹시 ~가 있나요?

(괜찮은) 영화

지원자

오른쪽 페이지를 살짝 가리고 영어를 떠올려 보세요.

Any questions?

Any suggestions?

Any ideas?

Any good movies?

Any volunteers?

❷ 영어로 어떻게 말하면 될까요?

> 혹시 다른 질문 있나요?

Any other ~? [에니 아덜]

 의문문에 "Any other ~?"을 사용해서 "혹시 다른 ~가 있나요?"라고 물어볼 수 있다. "Do you have any other ~?"의 줄임말이다.

- **questions** 퀘스천즈
  질문들

- **suggestions** 씨제스천즈
  제안들

- **ideas** 아이디어즈
  아이디어들

- **good movies** 굿 무비즈
  좋은 영화들

- **volunteers** 발런티얼즈
  지원자들

질문	
제안	
아이디어	혹시 다른 ~가 있나요?
(괜찮은) 영화	
지원자	

오른쪽 페이지를 살짝 가리고 영어를 떠올려 보세요.

Any other questions?

Any other suggestions?

Any other ideas?

Any other good movies?

Any other volunteers?

ⓔ 영어로 어떻게 말하면 될까요?

내 말 들리니?

Can you ~? [캐 뉴]

 "Can you ~?"는 상대방이 ~를 할 수 있는지, 가능한지 그 능력 여부를 물어볼 때 쓴다.

- hear me 히얼 미
  듣다 나를

- see me 씨~ 미
  보다 나를

- solve this puzzle 씨알브 디스 퍼즐
  풀다 이 퍼즐

- solve this riddle 씨알브 디스 뤼들
  풀다 이 수수께끼

- solve this math problem 씨알브 디스 메쓰 프라브럼
  풀다 이 수학 문제

내 말 들리니?

내가 보이니?

이 퍼즐 풀 수 있어?　　　(~할 수 있어?)

이 수수께끼 풀 수 있어?

이 수학 문제 풀 수 있어?

 오른쪽 페이지를 살짝 가리고 영어를 떠올려 보세요.

패턴훈련용
drill_53.mp3

원어민 음성을 들으며 계속 따라 말하세요.

훈련용 영상 보기

Can you
- hear me?
- see me?
- solve this puzzle?
- solve this riddle?
- solve this math problem?

왼쪽 페이지를 살짝 가리고 원어민 음성을 들으며 뜻을 생각해 보세요.

❓ 영어로 어떻게 말하면 될까요?

> 나 좀 도와줄래?

Can you ~? [캐 뉴]

 "Can you ~?"는 상대방에게 부탁할 때도 쓴다.
"~해줄 수 있나요?"라는 의미이다.

help me 헬 미
돕다   나를

teach me English 티취 미 잉글뤼쉬
가르치다   나에게   영어

come tomorrow 컴 투마로
오다   내일

stay for dinner 스테이 폴 디널
머무르다   ~을 위해   저녁식사

take our picture 테익 카월 픽철
찍다, 가지다   우리의   사진

나 좀 도와

영어 가르쳐

내일 올 수   (~줄 수) 있나요?

저녁 드시고 갈 수

저희 사진 좀 찍어

오른쪽 페이지를 살짝 가리고 영어를 떠올려 보세요.

훈련용 영상 보기

패턴훈련용
drill_54.mp3

Can you
- help me?
- teach me English?
- come tomorrow?
- stay for dinner?
- take our picture?

왼쪽 페이지를 살짝 가리고 원어민 음성을 들으며 뜻을 생각해 보세요.

❓ 영어로 어떻게 말하면 될까요?

> 좀 안아 줄래?

Can you give me ~?
[캐 뉴 깁 미]

"Can you give me ~?" 뒤에 명사를 써서 상대방이 나에게 ~를 줄 수 있는지 요청하는 표현이다.

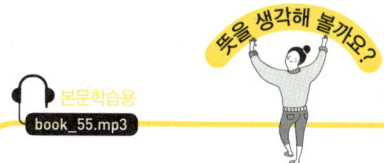

- **a hug** 어 헉
  포옹

- **a hand** 어 핸드
  손, 도움

- **some advice** 썸 어드봐이스
  약간의   조언, 충고

- **some tips** 썸 팁쓰
  약간의   팁, 조언들

- **some water** 썸 워럴
  약간의   물

1분에 5문장 갑니다!

안아

도와

조언 좀   (~ 해)줄 수 있니?

몇 가지 팁을 좀

물 좀

오른쪽 페이지를 살짝 가리고 영어를 떠올려 보세요.

패턴훈련용
drill_55.mp3

훈련용 영상 보기

Can you give me

- a hug?
- a hand?
- some advice?
- some tips?
- some water?

ⓔ 영어로 어떻게 말하면 될까요?

길을 좀 알려 줄래요?

Can you show me ~?
[캐 뉴 쇼 미]

"Can you show me ~?"는 상대방이 나에게 보여주길 원하는 것을 요청할 때 하는 말이다.

- the way 더 웨이

  길

- the picture 더 픽철

  사진

- a map 어 맵

  지도

- a map of Africa 어 맵 오브 에프뤼카

  지도 ~의 아프리카

- your smile 유얼 스마일

  너의 미소

1분에 5문장 갑니다!!

길을 알려

사진을

지도를   (~를) 보여줄 수 있니?

아프리카 지도를

네 미소를
* 웃는 것 좀 보자

오른쪽 페이지를 살짝 가리고 영어를 떠올려 보세요.

Can you show me

- the way?
- the picture?
- a map?
- a map of Africa?
- your smile?

영어로 어떻게 말하면 될까요?

비법 좀 알려 줄래?

Can you tell me ~?
[캐 뉴 텔 미]

"Can you tell me ~?"는 상대방이 나에게 말해주길 원하는 것을 요청하는 말이다.

- **your secret** 유얼 시크릿
  너의   비밀

- **your name** 유얼 네임
  너의   이름

- **your address** 유얼 에드뢰쓰
  너의   주소

- **the truth** 더 트룻쓰
  진실

- **the time** 더 타임
  시간

네 비밀

네 이름

네 주소   (~을/를) 좀 말해 줄래?

진실

시간

오른쪽 페이지를 살짝 가리고 영어를 떠올려 보세요.

Can you tell me

- your secret?
- your name?
- your address?
- the truth?
- the time?

ⓔ 영어로 어떻게 말하면 될까요?

네 소개 좀 해보겠니?

Can you tell me about ~?
[캐 뉴 텔 미 어밧]

"Can you tell me about ~?"은 상대방이 좀 더 구체적으로 ~에 대해 이야기해주길 바랄 때 하는 말이다.

- **yourself** 유얼쎄엘프

  네 자신

- **your family** 유얼 패밀리

  너의   가족

- **your job** 유얼 좌압

  너의   직업

- **your fears** 유얼 퓌얼즈

  너의   두려움(들)

- **that night** 대앳 나잇

  그   밤

1분에 5문장 갑니다!

네 소개를

당신 가족

하는 일 　　(~에) 대해 얘기 좀 해줄래요?

뭐가 무서운 건지

그날 밤 일

오른쪽 페이지를 살짝 가리고 영어를 떠올려 보세요.

Can you tell me about

- yourself?
- your family?
- your job?
- your fears?
- that night?

❷ 영어로 어떻게 말하면 될까요?

> 사랑이 먼지 좀 말해 줄래?

Can you tell me what ~?
[캐 뉴 텔 미 홧]

"Can you tell me 의문사 (주어+동사)"는 알기를 원하는 내용이 길 때 사용하는데, "Can you tell me what (주어+동사)"의 경우 (주어+동사)가 무엇인지 나에게 좀 알려달라는 말이 된다.

- love is 러 비즈

  사랑

- comes next 컴즈 넥스트

  오다   다음에

- happened 햅픈드

  일어났다

- DAEBAK means 대박 미인즈

  대박   의미하다

- bothers you 바덜 쥬

  괴롭히다   너를

사랑이

이다음에 오는 게

(무슨 일이) 일어났는지   (~가) 무엇인지 말해줄래요?

'대박' 뜻이

당신을 괴롭게 하는 게

오른쪽 페이지를 살짝 가리고 영어를 떠올려 보세요.

Can you tell me what

- love is?
- comes next?
- happened?
- DAEBAK means?
- bothers you?

왼쪽 페이지를 살짝 가리고 원어민 음성을 들으며 뜻을 생각해 보세요.

영어로 어떻게 말하면 될까요?

> 한국 드라마는 어디서 봐요?

Where can you ~? [웨얼 캔 뉴]

 "Where can you ~?"는 어디서 ~할 수 있는지 정보를 달라는 말이며, 이때 사용한 you는 너가 아니라 일반적인 모든 사람을 의미한다. 즉, "보통 사람들은 어디서 ~하나요?"라는 의미이다.

watch Korean dramas
윗취 코리언 드라마즈
보다, 시청하다　한국의　　　　드라마들

recycle 뤼~싸이클
재활용하다

find ants 파인드 앤츠
찾다　　개미(들)

park a car 팔 커 카
주차하다　　차

buy a gift card 바이어 기프트 칼~드
사다　　선물　카드

한국 드라마를 볼 수

재활용을 할 수

개미를 찾을 수

차를 주차할 수

선물용 카드를 살 수

어디서 (~을 할 수) 있나요?

오른쪽 페이지를 살짝 가리고 영어를 떠올려 보세요.

Where can you

- watch Korean dramas?
- recycle?
- find ants?
- park a car?
- buy a gift card?

Allyfunshow

Memo